W0394034

GUTE REISE MIT ERNST KAHL

KAHL

GUTE REISE

MIT ERNST KAHL

EINE KULINARISCHE REISE
UM DIE WELT

HAFFMANS VERLAG

UND IST DOCH EINE SCHEIBE

Die Osterinsel

KAHL

Meuterei auf der Bounty

KAHL

Tortenschlacht vor Feuerland

KAHL

Die Zoo-Küche

KAHL

Obsttag in Deutsch-Südwest 1893

High Noon

Kahl

Barcarole in Nordamerika

Warten auf den Fisch, County Dublin

KAHL

Buckingham Palace

Goya

Henkersmahlzeit, St Martin in the Fields 11. 11. 1653

I ♥ DASY
Gustav Gans was here!
KAHL

His Master's Fish

KAHL

Die Suppe von Loch Ness

KAHL

Kaltschale in Oslo

KAHL

Flieger in der Suppe

KAHL

Le Garçon de Notre-Dame

RESTAURANT
NOTRE
DAME
HIER ISST DAS
AUGE MIT!
KAHL

Junges Gemüse (Leipziger Allerlei)

HAUS
ABENDFRIEDEN
DISKO
KAHL

Friesisches Blindekuh

Kahl

Karpfen und Forelle blau in Hamburg

KAHL

Karlsruher Pilzgericht

Armes Wiener Würstchen

E. Kahl
fecit 1793

Blutorangen in Transsylvanien

KAHL

Andalusische Nächte

Kahl
93

Fast Food in Sevilla

KAHL

Beleidigte Leberwurst

KAHL

Herr Ober!

Nächte in Assisi

KAHL

Neapolitanischer Suppenkasper

KAHL

Faules Obst (Cosa Nostra)

KAHL

Leichte Küche in Yokohama

KAHL

Futterneid

KAHL

Auf, zur Osterinsel

Die meisten Bilder erschienen
unter dem Titel
KAHLs KULINARISCHE GEISTERSTUNDE
im Gourmet-Magazin
»Der Feinschmecker«, Hamburg

Frontispiz: Pilger

1. Auflage, Frühling 1995
Alle Rechte vorbehalten
Copyright © 1995 by Haffmans Verlag AG Zürich
Lithos: B & K Offsetdruck, Ottersweier
Herstellung: Offizin Andersen Nexö, Leipzig
ISBN: 3 251 00284 8